AF266881

Ainsi que pour mes cinq premiers Vœux, je donne à tous les journaux l'autorisation de reproduire, dans leurs colonnes, ces quatre Vœux politiques. Tous ceux dont le patriotisme n'est pas seulement une enseigne trompeuse, se feront, je l'espère, un devoir d'en profiter. Ils comprendront que, dans un ordre social où de très-petites causes produisent souvent de très-grands effets, soit néfastes, soit heureux, ils commettraient une grave faute en négligeant d'attirer l'attention de leurs concitoyens sur des questions d'aussi grande importance. Qu'ils approuvent ou non mes idées, ils doivent au moins les soumettre à l'appréciation de leurs lecteurs.

Si, pour mes Vœux politiques, je réclame des journaux la publicité de la presse, je n'en réclame pas moins instamment la publicité de la parole, de tout homme qui ne se croit ni suffisamment probe, ni suffisamment sensé, s'il ne s'inquiète pas des intérêts de sa patrie.

J.-G^{re} MAROT.

6me VŒU POLITIQUE.

PRESSE.

Moi, **J. Grégoire Marot**, citoyen français, obéissant à mon désir, mon devoir et mon intérêt de contribuer pour ma part au bien-être de ma patrie,

En vertu de plusieurs des raisons invoquées dans la première partie de mon premier vœu politique,

Considérant :

Que le droit d'exprimer sa pensée est un droit naturel dont personne ne peut être privé sans être victime de violence;

Que ce droit se change en devoir à accomplir quand a conscience du penseur lui dit que la publication de sa pensée peut avoir des conséquences utiles pour ses concitoyens ou pour l'humanité;

Que, dans ce cas, si la société dans laquelle vit le penseur met des obstacles à l'accomplissement de son devoir, sa conscience lui commande impérieusement de braver ces obstacles, quelque colère qu'il doive attirer sur lui, quelque châtiment dont on le puisse frapper;

Qu'il est impossible d'exprimer une pensée qui puisse modifier considérablement une société, — même seulement en bien, — sans que cette pensée ne soit mal accueillie par une partie de cette société, généralement la plus grande partie;

Que par routine, par ignorance, par égoïsme matériel — presque toujours honteux et mal compris, — ou par effroi pour l'avenir, la plupart des hommes s'attachent si fortement à un ordre de choses même mauvais; que, si la loi les y autorise, ils s'emportent jusqu'à la cruauté contre quiconque leur vient proposer un changement;

Que si l'on jette un coup d'œil sur l'histoire de l'humanité, on est rempli d'horreur à la vue de tous les martyres, de tout le sang répandu auxquels ont donné lieu l'entêtement des penseurs à propager leurs innovations, et l'entêtement des populations à les empêcher de les répandre;

Que dans ces luttes entre les penseurs et les populations, le tort et la honte sont entièrement du côté de celles-ci, la raison et la gloire du côté de ceux-là;

Qu'entre les innombrables preuves que je pourrais citer pour montrer la justice de ce jugement, il me suffit du grand drame évangélique, commencé par le martyre affreux du sublime auteur de l'Évangile, continué presque jusqu'à nos jours, avec des alternatives étranges dans les rôles des hommes qui y ont pris part;

Qu'il y a sagesse à vouloir prendre des mesures pour éviter ces luttes entre les penseurs et les populations;

Qu'on tomberait dans une bien bizarre et bien funeste erreur si l'on pensait pouvoir y arriver en empêchant les penseurs de se produire par les obstacles qu'on leur opposerait;

Que, — sans parler du crime énorme commis dans ce cas à l'égard de l'humanité qu'on ne peut pas voir seulement dans les générations contemporaines, mais qu'on doit voir aussi, et surtout, dans les générations futures, — on n'obtiendrait pas d'autre résultat que de donner lieu à des luttes plus violentes, parce qu'il n'est pas d'obstacle qui puisse faire renoncer un homme à exprimer sa pensée, quand sa conscience lui dit que cette pensée sera utile et lui commande de la répandre;

Que le moyen le meilleur pour empêcher ces luttes d'avoir lieu est au contraire de rendre facile pour chacun la publication de sa pensée;

Que le bénéfice de n'avoir pas de luttes à soutenir, de violences à exercer, quoique déjà bien grand, n'est pas le seul que la société ait à retirer de la facilité donnée à chacun d'exprimer sa pensée; que cette facilité enfante une succession inappréciable de progrès matériels et moraux;

Considérant ensuite :

Que pour exprimer leurs pensées, les hommes n'ont guère d'autres moyens que le langage parlé et le langage écrit;

Que le langage écrit, désigné de nos jours par ces mots : *la presse,* est le moyen le plus important pour propager rapidement une idée ;

Considérant, d'autre part :

Qu'il est malheureusement vrai que lorsque la liberté la plus absolue est accordée à *la presse,* il est une infinité d'hommes qui en mésusent, poussés par l'ambition, la haine, l'immoralité, la soif du gain ;

Que ce mauvais usage de la liberté de *la presse* peut avoir des conséquences fâcheuses pour la société ;

Qu'il est sage de vouloir donner à l'usage de *la presse* une direction qui puisse ne procurer à la société que des résultats avantageux ;

Mais qu'en voulant empêcher la presse de tomber dans des abus regrettables, même funestes, il faut bien se garder d'altérer la liberté d'exprimer sa pensée, soit la liberté de la presse ; car alors le mal qu'on produirait serait plus grand que celui qu'on voudrait empêcher ;

Qu'en effet, entre autres graves inconvénients produits par les entraves apportées à la liberté de la presse, en voici un bien grave : Lorsqu'il existe de telles entraves, il est, dans toutes les nations, des hommes puissants qui les exploitent pour empêcher la publication de toute œuvre qui pourrait leur nuire, et faciliter celle de toute œuvre qui pourrait les servir. Certes, à les entendre, s'ils déploient un si grand zèle à réprimer certaines publications, ce n'est que dans l'intérêt de la société, que pour qu'elle ne soit pas troublée par des écrits immoraux, violents ou chimériques; et malheureusement la plus grande partie du public les croit sincères, leur est reconnaissante de ce prétendu zèle pour ses intérêts, et ne voit pas, l'insensée, qu'on lui dérobe avec soin tout écrit qui chercherait à l'éclairer sur sa situation, à relever son courage civique; qu'il n'y a place que pour les œuvres adulatrices ou pour les productions complétement nulles au point de vue politique ou social;

Que d'un tel état de choses, il peut résulter pour un peuple une prompte démoralisation, une rapide décadence;

Que cette démoralisation sera d'autant plus prompte, cette décadence d'autant plus rapide, que le pouvoir gouvernemental aura des attributions plus étendues, qu'il sera plus absolu dans le choix des employés de l'État, parce qu'alors, pour être récompensé par une place plus lucrative ou plus honorifique, c'est à qui le plus promptement oubliera sa dignité de citoyen, se fera l'esclave le plus servile;

Qu'une liberté de la presse sans limites, sans frein, si fâcheuses conséquences qu'elle aurait, n'en aurait certainement pas d'aussi funestes;

Qu'il est possible de laisser à la presse une liberté entière et de l'empêcher de commettre des abus gravement déplorables;

Qu'on empêchera la presse de commettre des abus gravement déplorables, si l'on sait obliger l'écrivain à ne pas oublier qu'il doit être avant tout, et dans l'acception la plus étendue de ces mots, homme d'honneur et de probité;

Après avoir mûrement pesé toutes ces considérations, convaicu que le vœu que je vais exprimer a la plus grande importance et qu'il mérite d'être examiné très-attentivement par MM. les Membres du Gouvernement, des Chambres, des Conseils généraux, etc.,

Exprime le vœu :

1° Que les lois qui règlementent actuellement la presse soient abrogées ;

2° Que la liberté de la presse soit rétablie ;

3° Que pour empêcher les hommes improbes, immoraux, méchants ou exaltés, de transformer cette liberté en licence, on prenne les mesures suivantes :

A l'égard des publications non périodiques : livres, brochures, etc.,

a. — Aucun écrivain ne pourra rien publier avant d'avoir vingt-et-un ans accomplis.

b. — Dans aucune circonstance, il ne devra signer son écrit d'un nom autre que son nom de famille, et ce nom sera accompagné d'au moins un de ses prénoms véritables et de la désignation de son âge, du lieu où il est né et de celui où il demeure.

c. — Avant tout acte de publication, l'auteur sera tenu de faire connaître son ouvrage, de quelque nature qu'il soit, au Parquet de la ville où il l'aura fait imprimer, et d'attendre, pendant un délai qu'une loi déterminera, que le Parquet ait pu l'apprécier. Il déposera en même temps au Parquet un extrait en règle de son acte de naissance.

d. — Si le Parquet ne trouve rien de répréhensible dans l'ouvrage qui lui aura été soumis, il suffira qu'il garde le silence jusqu'à l'expiration du délai dont je viens de parler, pour que l'auteur se croie autorisé à répandre son œuvre.

e. — Si le Parquet au contraire trouve l'écrit répréhensible au point de vue de la morale publique, des devoirs de la controverse, de l'exactitude des faits rapportés, de la justesse dans les idées et dans les désirs, ou de tout autre point de vue, en dehors du point de vue littéraire, où l'intérêt public soit en jeu, il blâmera l'ouvrage en donnant la cause de son blâme; ce blâme sera imprimé sur l'une des pages les plus apparentes de l'écrit, et nul exemplaire ne devra être répandu sans être porteur de ce blâme.

f. — Le blâme du Parquet sera imprimé aux frais de l'écrivain, et si l'ouvrage est en plusieurs volumes, tous les volumes devront le répéter.

g. — Des peines sévères frapperont les écrivains qui ne se seront pas conformés à toutes les prescriptions énoncées, et les peines seront d'autant plus sévères que les ouvrages seront jugés plus pernicieux.

h. — Quelles que soient les peines dont on aura frappé les auteurs, les écrits ne pourront, dans aucun cas, être détruits ni trouver à leur publication des obstacles autres que ceux que je viens de désigner;

i. — Quelque pernicieux que soit jugé son livre, si l'auteur s'est conformé à toutes les ⸱prescriptions exigées, il ne pourra être frappé d'aucune autre peine que la peine du blâme, et nulle autre entrave que le blâme ne sera mise à la publication de ce livre.

A l'égard des publications périodiques : journaux, revues, etc.,

j. — Aucun écrivain ne pourra, dans une publication périodique, traiter des questions de politique ou d'économie sociale avant d'avoir vingt-cinq ans accomplis. Les écrivains traitant des questions étrangères à la politique ou à l'économie sociale ne devront pas avoir moins de vingt-et-un ans accomplis.

k. — Chaque article devra être suivi du nom de la personne qui l'aura écrit ; ce nom ne pourra être autre que le nom de famille, et sera accompagné d'au moins un des prénoms de l'auteur et de la désignation de son âge, du lieu où il est né et de celui où il habite.

l. — Un extrait en règle de l'acte de naissance de l'écrivain sera déposé au Parquet en même temps que l'exemplaire du numéro où il publiera son premier article.

m. — Un exemplaire de chaque numéro de la publication devra être déposé au Parquet ; mais il n'y aura pas obligation d'attendre pour répandre ce numéro que le Parquet ait exprimé son jugement à son sujet.

n. — Si le Parquet trouve dans le numero déposé quelque article répréhensible, à quelque point de vue que ce soit, autre que le point de vue littéraire, il blâmera cet article en donnant la cause de son blâme, et ce blâme sera imprimé en son entier en tête du premier numéro suivant de la publication, si c'est une publication hebdomadaire ou mensuelle; du premier, deuxième ou troisième numéro suivant, au gré du Parquet, si c'est une publication quotidienne.

o. — Chaque publication périodique devra avoir son gérant responsable vis-à-vis de l'autorité et des particuliers.

p. — On n'exigera de cautionnement que des feuilles politiques; mais ce cautionnement devra être modeste.

q. — Aucune limite ne sera mise au nombre des publications périodiques.

r. — Des peines sévères frapperont, etc. (article *g*).

s. — Quelles que soient les peines, etc. (article *h*).

t. — Quelque pernicieux que soit jugé son livre, si l'auteur s'est conformé à toutes les prescriptions exigées, il ne pourra être frappé d'aucune autre peine que la peine du blâme.

———

u. — Les particuliers qui se croiraient insultés, calomniés ou lésés dans quelque partie d'une publication périodique ou non périodique, auront toujours le droit d'intenter une action aux écrivains dont ils auraient à se plaindre, et les tribunaux examineront avec soin la justice de leurs griefs.

Conséquences de cette réglementation :

La liberté de la presse est garantie contre l'ignorance, la routine, les préjugés, le despotisme : Les formalités exigées de l'écrivain ne pouvant en aucune façon gêner un homme de bonne conscience, et la correction du blâme ne pouvant le préoccuper beaucoup s'il n'a que des intentions avouables;

La société est garantie contre les égarements de la presse : L'exigence d'un âge convenable, du nom de famille, d'un prénom véritable, de la désignation du lieu de naissance et du lieu d'habitation, la correction du blâme, réduisant au silence les hommes trop jeunes pour s'être suffisamment pénétrés de l'importance du rôle d'écrivain et de la probité avec laquelle il faut le remplir; — les hommes indignes, qui, pour frapper déloyalement un adversaire, se cachent dans l'obscurité d'un anonyme ou sous le masque d'un faux nom; qui, pour exploiter le fatal entraînement de la foule pour les écrits immoraux, produisent des livres odieux d'obscénité; qui encore, oubliant leur titre et leurs devoirs de citoyens, vendent leur plume à un homme ou à un parti, et font bon marché des intérêts de la patrie, — réduisant aussi au silence ou empêchant d'être nuisibles les écrivains ignorants, irréfléchis ou imprudents, ainsi que tous ceux enfin que de mauvaises intentions pourraient inspirer.

7me VŒU POLITIQUE.

COURS PUBLICS D'HISTOIRE.

———

Moi, J. Grégoire Marot, citoyen français, obéissant à mon désir, mon devoir et mon intérêt de contribuer pour ma part au bien-être de ma patrie,

En vertu de plusieurs des raisons invoquées dans la première partie de mon premier vœu politique,

Considérant :

Que l'ignorance des faits historiques anéantit chez un peuple l'expérience qu'il eût tirée des événements passés pour se mettre en garde contre les événements à venir, ou leur donner une direction qui lui soit favorable plutôt que désavantageuse ;

Qu'elle laisse s'établir chez lui des préjugés absurdes, des appréciations erronées sur les hommes et sur les choses ;

Qu'elle le met par là plus complétement à la merci

des hommes intrigants et coupables qui peuvent le vouloir exploiter ;

Que la connaissance des faits historiques, vulgarisée, 'produit des résultats tout à fait et très-heureusement opposés ;

Que la connaissance de l'histoire a pour résultat encore d'exciter les hommes à faire de grandes actions, à acquérir de grandes vertus ;

Que l'existence d'hommes à grands caractères, à grandes vertus, donne à son tour, et abondamment, naissance à d'autres hommes à grands caractères, à grandes vertus, parce que l'admiration qu'ils excitent porte la foule à vouloir les imiter ;

Que la société tout entière en reçoit une heureuse impulsion vers le bien et vers le beau ;

Considérant ensuite :

Qu'en organisant sur un très-vaste plan des cours d'histoire, publics et gratuits, on ne donnerait pas lieu seulement aux magnifiques résultats que je viens de citer, mais qu'on donnerait lieu encore aux résultats secondaires suivants, d'une bien grande importance aussi : En appelant à ces cours tout le monde, sans distinction d'âge ni de sexe ; en les faisant à des heures où la plus grande partie des travaux sont suspendus, on procurerait aux populations des recréations véritables, car l'histoire a pour tout le monde un attrait infini ; — on déshabituerait l'homme de chercher autant qu'il le fait ses plaisirs dans des établissements presque

uniquement fréquentés par des hommes; — les malheu-
reux effets produits, pour tant de ménages, par le séjour
trop long et les dépenses trop considérables des hommes
dans les cafés et dans les cabarets, seraient remplacés
par des effets de nature opposée et de beaucoup pré-
férables; ·

Considérant, d'autre part :

Que pour que ces cours publics soient possibles, il
est indispensable d'éviter qu'ils soient onéreux par leur
établissement ou leur entretien;

Qu'en choisissant les églises pour les lieux de ces
cours, on y appropriera, sans frais d'établissement, les
lieux les plus vastes, les plus commodes et les plus capa-
bles de leur donner une majesté imposante et salutaire;

Qu'il suffira, jusqu'à ce qu'on puisse faire mieux,
d'éclairer médiocrement les églises pendant la durée
des cours;

Que, quant aux cours en eux-mêmes, ils pourront et
devront peut-être ne consister qu'en lectures faites à
haute voix par l'un des membres d'un comité formé à
cet effet dans chaque commune;

Que le comité de lecture pourra être composé, dans
chaque commune, sous les auspices du maire, du curé,
des médecins, des instituteurs et des institutrices, de
toutes personnes de bonne volonté et de quelque aptitude, quel que soit leur sexe;

Qu'il n'y aura lieu à donner de traitement à aucun
des membres du comité de lecture;

Que ces cours pourront et devront peut-être n'avoir lieu qu'une ou deux fois par semaine;

Qu'il n'y aura, par conséquent, d'autre dépense occasionnée que celle de l'éclairage, et que cette dépense sera peu importante;

Considérant, en outre :

Que s'il est admis que ces cours ne consistent qu'en lectures, — mode de les faire qui me semble préférable à tout autre, — il sera sage de charger l'Institut de déterminer et de rédiger les histoires à lire, parce que les lumières, le patriotisme et l'indépendance de ce corps vénérable, le mettent mieux qu'aucun autre à même de le faire d'une façon instructive et équitable, attrayante d'agrément et de raison;

Après avoir mûrement pesé toutes ces considérations, convaincu que le vœu que je vais exprimer a la plus grande importance et qu'il mérite d'être examiné très-attentivement par Messieurs du Gouvernement, des Chambres et des Conseils,

Exprime le vœu :

Que des cours publics d'histoire soient organisés dans toutes les communes de France;

Qu'ils soient faits dans les églises, une fois au moins

par semaine, à des heures où la plupart des travaux sont suspendus;

Que s'ils doivent consister en lectures, — mode de les faire qui me semble le préférable, — l'Institut soit chargé de déterminer et de rédiger les histoires qu'on devra lire, et que les lectures soient faites alternativement par les membres d'un comité formé à cet effet dans chaque commune, et composé, sous les auspices du maire, du curé, des médecins, des instituteurs et des institutrices, de toutes personnes de bonne volonté et de quelque aptitude, quel que soit leur sexe.

8me VŒU POLITIQUE.

NOMINATION AUX GRADES DANS L'ARMÉE.

———

Moi, J.-Grégoire Marot, citoyen français, obéissant à mon désir, mon devoir et mon intérêt de contribuer pour ma part au bien-être de ma patrie,

En vertu de plusieurs des raisons invoquées dans mon premier vœu politique,

Considérant :

Que malgré les bonnes intentions dont puisse être inspiré le pouvoir gouvernemental, la nomination par lui aux grades de l'armée peut avoir de graves inconvénients ;

Qu'en effet, s'il désire que ce soit le mérite surtout qui procure de l'avancement, il lui est impossible d'avoir des renseignements exacts sur le mérite de tous les soldats à élire : les rapports de famille, d'amitié, etc., des personnes chargées de lui fournir ces renseignements avec les personnes éligibles seront toujours des causes de faveur pour les uns, d'injustice pour les autres;

Que s'il se base au contraire sur l'ancienneté du service, il y aura des gens sans mérite aucun poussés à des grades de très-grande importance, et, par conséquent, de très-graves intérêts confiés à des hommes qui ne sauront que les compromettre;

Que ces deux méthodes donnent l'une et l'autre des résultats déplorables;

Que le suffrage universel pourrait être employé ici avec le plus grand avantage;

Que par le suffrage universel, je n'entends pas ce système inintelligent qui consiste à faire élire par des foules des hommes dont elles ne peuvent nullement. apprécier les qualités, et dont les noms seulement les frappent, mais le système suivant, qui seul me semble sensé :

Lorsque dans une *Compagnie* il manquerait un *caporal,* tous les *simples soldats* de cette *Compagnie* seraient appelés à élire un d'entre eux pour remplacer ce *caporal;*

Lorsqu'il manquerait un *sergent,* tous les *caporaux* de la *Compagnie,* ou au besoin du bataillon, seraient appelés à élire un d'entre eux pour remplacer ce *sergent;*

Lorsqu'il manquerait un *sergent-major,* tous les *sergents* du bataillon, ou au besoin du régiment, seraient appelés à élire un d'entre eux pour remplacer ce *sergent-major;*

Lorsqu'il manquerait un *sous-lieutenant,* tous les *sergents-majors* du régiment éliraient un d'entre eux pour remplacer ce *sous-lieutenant.*

(Ainsi que j'en exprime la pensée plus loin, on donnerait aux élèves des écoles nationales la moitié des

places dans ce grade et dans les autres grades correspondant à ceux qu'on est dans l'usage de leur donner à leur sortie de ces écoles.)

Lorsqu'il manquerait un *lieutenant,* tous les *sous-lieutenants* du régiment éliraient un d'entre eux pour remplacer ce *lieutenant;*

Lorsqu'il manquerait un *capitaine,* tous les *lieutenants* du régiment éliraient un d'entre eux pour remplacer ce *capitaine;*

Lorsque, dans un régiment, il manquerait un *chef de bataillon,* tous les *capitaines* du régiment éliraient un d'entre eux pour remplacer ce *chef de bataillon;*

Lorsqu'il manquerait un *lieutenant-colonel,* tous les *chefs de bataillon* de *trois, quatre* ou *cinq* régiments de même arme et de même série, seraient appelés à élire un d'entre eux pour être *lieutenant-colonel;*

Lorsqu'il manquerait un *colonel,* tous les *lieutenants-colonels* de *dix, vingt* ou *quarante* régiments de même arme et de même série, seraient appelés à élire un d'entre eux pour être *colonel;*

Lorsqu'il serait nécessaire de nommer un *général de brigade,* les *colonels* de *toutes armes,* en totalité ou en partie, et, dans ce dernier cas, dans la proportion de l'arme dans la brigade, seraient appelés à élire un d'entre eux pour être *général de brigade;*

Lorsqu'il manquerait un *général de division,* tous les *généraux de brigade* seraient appelés à élire un d'entre eux pour être *général de division;*

Lorsqu'il serait nécessaire de nommer un *général en chef* pour commander une expédition, *tous* les *généraux de division* seraient appelés à élire un d'entre eux pour être ce *général en chef.;*

Ce qui peut se résumer ainsi :

Les *simples soldats* éliraient les *caporaux ;*
Les *caporaux* . . . . les *sergents ;*
Les *sergents* . . . . les *sergents-majors ;*
Les *sergents-majors* . . . . les *sous-lieutenants ;*
Les *sous-lieutenants* . . . . les *lieutenants ;*
Les *lieutenants* . . . . les *capitaines ;*
Les *capitaines* . . . . les *commandants ;*
Les *commandants* . . . . les *lieutenants-colonels ;*
Les *lieutenants-colonels* . . . . les *colonels ;*
Les *colonels* . . . . les *généraux de brigade ;*
Les *généraux de brigade* . . . . les *généraux de division ;*
Les *généraux de division* . . . . les *généraux en chef.*

et s'appeler *Élection par les pairs ;*

Considérant ensuite :

Que, dans ces élections, il pourrait se produire le
cas suivant : Soit par l'effet du hasard, soit par l'effet
du peu de modestie de chacun des électeurs, les suffrages seraient tellement divisés que chaque électeur en
aurait un, ou qu'aucun n'aurait obtenu une majorité
moralement convenable ;

Qu'il conviendrait alors d'appeler comme électeurs
une autre série d'individus chargés de faire l'élection
que n'auraient pas su faire les premiers. Par exemple :

Si les simples soldats d'une compagnie, appelés à élire
un caporal, disséminent si bien leurs voix que chacun des
électeurs en ait une, ou qu'ils n'arrivent à donner à l'un d'eux

qu'une majorité insignifiante, cette série d'électeurs sera mise de côté, et l'on appellera tous les caporanx de cette compagnie à élire celui des simples soldats de la compagnie qui leur semblera le plus digne d'être élevé au grade de caporal.

Si les caporaux appelés à élire un sergent disséminent si bien leurs voix que chacun d'eux en ait une, ou qu'ils n'arrivent à donner à l'un d'eux qu'une majorité insignifiante, cette série d'électeurs sera mise de côté, et tous les sergents du bataillon seront appelés à élire celui des caporaux qui leur semblera le plus digne d'être élevé au grade de sergent.

Et ainsi de suite pour tous les grades : si les pairs appelés à élire l'un d'entre eux pour le grade qui vient immédiatement au-dessus du leur, ne font pas une élection convenable, ce seront les personnes déjà revêtues de ce grade qui seront appelées à faire l'élection, en prenant l'élu parmi les personnes du grade immédiatement inférieur au leur.

Considérant, d'autre part :

Que l'État a raison de se former dans des écoles spéciales-des militaires instruits et habiles ;

Qu'il est juste de réserver à ceux-ci une entrée dans les régiments avec un grade convenable ;

Que cette entrée doit être ménagée cependant de façon que les hommes remarquables qui se produiraient dans les grades inférieurs n'y soient pas maintenus quand même, ne pouvant arriver à des grades élevés dans lesquels ils seraient pourtant à même de rendre de grands services, et auxquels il serait juste qu'ils arrivassent ;

Qu'on obtiendra ce double résultat en réservant aux

élèves des écoles une moitié dans les grades correspondant à ceux qu'on a l'habitude de leur donner à leur sortie des écoles ;

Considérant, en dernier lieu :

Que si ce système de nomination aux grades donne lieu à de graves inconvénients, ces inconvénients sont de beaucoup moindres que ceux de tout autre système mis en pratique jusqu'à ce jour, et que plus qu'aucun autre il se rapproche des lois du bon sens et de la justice ;

Après avoir mûrement pesé toutes ces considérations, convaincu que le vœu que je vais exprimer a la plus grande importance et qu'il mérite d'être examiné très-attentivement par Messieurs du Gouvernement, des Chambres et des Conseils,

Exprime le vœu :

Que, dans l'armée, la nomination aux grades soit désormais opérée par le suffrage universel, mais le suffrage universel réglementé ainsi que je viens de chercher à en donner l'idée, et que j'ai appelé *Élection par ses pairs ;*

Que ce système de nomination soit mis en pratique pour l'universalité des grades, les plus bas comme les plus élevés ;

Qu'une moitié des grades soit réservée aux élèves des écoles nationales, parmi les grades correspondant à ceux qu'on est dans l'usage de leur donner à leur sortie des Écoles; — que, dispensés de l'élection pour ces premiers grades, ils y soient assujétis pour les grades suivants; — que, du reste, les grades honorifiques, préliminaires, qui sont donnés dans les écoles mêmes, le soient aussi par l'élection par les Pairs;

Que des règles disciplinaires, au moins aussi sévères que les règles disciplinaires existantes, déterminent clairement les rapports des soldats de tous grades entre eux et avec le Gouvernement.

9me VŒU POLITIQUE.

NOMINATION AUX GRADES DANS LA MAGISTRATURE.

———

Moi, J.-Grégoire Marot, citoyen français, obéissant à mon désir, mon devoir et mon intérêt, de contribuer pour ma part au bien-être de ma patrie,

En vertu de plusieurs des raisons invoquées dans la première partie de mon premier vœu politique,

Considérant :

Que malgré les bonnes intentions dont puisse être inspiré le pouvoir gouvernemental, la nomination par lui aux grades de la magistrature peut avoir de graves inconvénients ;

Qu'en effet, s'il désire que ce soit le mérite surtout qui procure de l'avancement, il lui est impossible d'avoir des renseignements exacts sur le mérite de tous les magistrats à élire : les rapports de famille, d'amitié, etc.,

des personnes chargées de lui fournir ces renseignements avec les personnes éligibles seront toujours des
causes de faveur pour les uns, d'injustice pour les
autres;

Que s'il se base au contraire sur l'ancienneté du service, sans tenir compte du mérite, il y aura des gens
de peu de mérite poussés à des grades de très-grande
importance, et, par conséquent, de très-graves intérêts
confiés à des hommes qui ne sauront que les compromettre;

Que ces deux méthodes donnent l'une et l'autre des
résultats déplorables;

Que le suffrage universel pourrait être employé ici
avec le plus grand avantage;

Que par le suffrage universel, je n'entends pas ce
système inintelligent qui consiste à faire élire par des
foules des hommes dont elles ne peuvent nullement
apprécier les qualités, et dont les noms seulement les
frappent, mais le système suivant, qui seul me semble
sensé :

> A supposer que, du substitut de la classe inférieure au
> Premier Président de la Cour de Cassation, il y ait une
> succession de grades qui puisse être divisée en vingt
> degrés, soit du nombre 1 au nombre 20, les personnes
> revêtues du grade n° 1 seraient appelées à choisir parmi
> elles, par élection, les personnes à revêtir du grade degré
> n° 2; les personnes revêtues du grade n° 2 seraient appelées
> à choisir parmi elles, par élection, les personnes à revêtir
> du grade n° 3, et ainsi de suite jusqu'au grade le plus élevé;

système que dans le vœu précédent j'ai appelé *Élection
par les pairs;*

Considérant ensuite :

Que dans ces élections il pourrait se produire le cas suivant : soit par l'effet du hasard, soit par l'effet du peu de modestie de chacun des électeurs, les suffrages seraient tellement divisés, que chaque électeur en aurait un ou qu'aucun n'aurait obtenu une majorité moralement convenable ;

Qu'il conviendrait alors d'appeler comme électeurs une autre série d'individus chargés de faire l'élection que n'auraient pas su faire les premiers. Par exemple :

Si les personnes revêtues du grade degré n° 1, appelées à élire une d'entre elles pour le grade n° 2, disséminent si bien leurs voix que chacun des électeurs en ait une, ou qu'elles n'arrivent à donner à l'une d'elles qu'une majorité insignifiante, cette série d'électeurs sera mise de côté, et l'on appellera les personnes déjà revêtues du grade n° 2 à élire celle des personnes du grade n° 1 qui leur semblera la plus digne d'être élevée au grade n° 2 ; et ainsi de suite pour tous les grades, si les pairs appelés à élire un d'entre eux pour le grade qui vient immédiatement au-dessus du leur ne font pas une élection convenable, ce seront les individus déjà revêtus de ce grade qui seront appelés à faire l'élection, en prenant l'élu parmi les personnes du grade immédiatement au-dessous du leur.

Considérant en dernier lieu :

Que si ce système de nomination aux grades donne lieu à de graves inconvénients, ces inconvénients sont de beaucoup moindres que ceux de tout autre système mis en pratique jusqu'à ce jour, et que plus qu'aucun autre il se rapproche des lois du bon sens et de la justice ;

Après avoir mûrement pesé toutes ces considérations, convaincu que le vœu que je vais exprimer a la plus grande importance et qu'il mérite d'être examiné très-attentivement par MM. du Gouvernement, des Chambres et des Conseils,

Exprime le vœu :

Que dans la magistrature, la nomination aux grades soit désormais opérée par le suffrage universel, mais le suffrage universel réglementé ainsi que je viens de chercher à en donner l'idée, et que j'ai appelé : *Élection par ses pairs ;*

Que ce système de nomination soit mis en pratique pour l'universalité des grades, les plus bas comme les plus élevés ;

Que des règles disciplinaires, au moins aussi sévères que les règles disciplinaires existantes, déterminent clairement les rapports des magistrats de tous grades entre eux et avec le Gouvernement.

Angoulême, novembre 1861.

Bordeaux. — Typ. G. GOUNOUILHOU, ancien hôtel de l'archevêché (entrée r. Guiraude, 11).